Wijn

Citaten, recepten en wijntips

Voor:

Originele titel "Vino"

Via Mazzini 6, 43100 Parma, Italië
tel +39.0521.388440
fax +39.0521.388555
www.gruppofood.com

Nederlandstalige uitgave

www.yoyo-books.com
Nederlandse vertaling: Anja De Lombaert
Gedrukt in China

Inhoud

Poëzie van de aarde

Wijn kunnen we poëzie van de aarde noemen en beter kunnen we dat leidmotief van de cultuur van de mens niet omschrijven. Al sinds Bijbelse tijden is wijn alomtegenwoordig als een krachtig en dubbelzinnig element. Voor de dichter Charles Baudelaire was wijn zowel weldaad als misdaad en niet toevallig zegt een oude volkswijsheid dat wijn 'een goede dienaar' moet zijn (waaruit we kunnen afleiden dat als de wijn de 'heer des huizes' wordt, dat betekent

dat... we hoofdpijn zullen krijgen). Wijn we eeuwenlang besproken door specialisten, maar door kunstenaars, dichters, muzikanten en gelee den. Vaak spraken ze er luchthartig en ironisch over, soms echter ook bedroefd en dramatisch.

In dit boekje hebben we niet alleen recepten verzameld waarin wijn de hoofdrol speelt, maar bieden we u ook weetjes, anekdotes en enkele uitspraken over wijn. Daarmee hopen we u even te laten stilstaan bij de wereld van de wijnen, maar we hopen vooral dat u ervan zult genieten.

Wijn

dat... we hoofdpijn zullen krijgen). Wijn wordt al eeuwenlang besproken door specialisten, maar ook door kunstenaars, dichters, muzikanten en geleerden. Vaak spraken ze er luchthartig en ironisch over, soms echter ook bedroefd en dramatisch.

In dit boekje hebben we niet alleen recepten verzameld waarin wijn de hoofdrol speelt, maar bieden we u ook weetjes, anekdotes en enkele uitspraken over wijn. Daarmee hopen we u even te laten stilstaan bij de wereld van de wijnen, maar we hopen vooral dat u ervan zult genieten.

Wijn

In vino veritas

Gualtiero Marchesi • *chef*

Om wijn te drinken is alleen zin om te drinken nodig. Wijn proeven vereist echter intelligentie, gevoeligheid en bekwaamheid.

carpaccio van scampi met Franciacorta

Voor de carpaccio: **12** grote scampi • **4** eetlepels extra vergine olijfolie • **1** glas Metodo Classico Franciacorta • **1** stuk citronellagras of citroengras • **6** zwarte peperkorrels • dille, marjolein, kervel, dragon • zout en peper

Maak de scampi schoon. Snijd het citronella- of citroengras in stukken en bak het samen met de scampi in een pan met een beetje van de olie. Blus met de wijn. Voeg de peperkorrels toe en laat tot $^1/_3$ indikken. Zeef de saus, breng op smaak met zout en peper en laat afkoelen. Snijd de scampi in heel dunne plakjes, meng ze met de kruiden, de rest van de olie en zout en serveer met de wijnsaus.

10 minuten *10 minuten* *gemakkelijk* *Metodo Classico Franciacorta Satén*

Close-up van druiven
in een wijngaard op Sardinië

Onuitgedrukte liefde
is als wijn die men
niet uitschenkt:
ze lest de dorst niet.

George Herbert (1593-1633) • dichter

sint-jakobsschelpen met gezouten boter en gewürztraminer

Voor de schelpen:

- **8** grote sint-jakobsschelpen
- **2** sneetjes vers brood
- **1** eetlepel extra vergine olijfolie
- **1** sjalotje
- **60 g** gezouten boter
- $^1/_2$ glas aromatische gewürztraminer
- zout en peper

20 minuten *10 minuten* *gemakkelijk* *Alto Adige Gewürztraminer*

sint-jakobsschelpen met gezouten boter en gewürztraminer

Open de schelpen en haal de jakobsschelpen eruit. Verwijder de zwarte darm en spoel de jakobsschelpen. Spoel ook de schelpen en droog ze. Snijd het sjalotje in ringen en stoof ze in een steelpan met een beetje van de boter. Blus met wat water en laat stoven tot het sjalotje zacht is. Verhit een pan met antiaanbaklaag met de rest van de boter. Bak de jakobsschelpen erin en voeg de wijn toe. Haal de jakobsschelpen uit de pan en snijd ze in blokjes. Meng ze met het gestoofde en fijngesneden sjalotje, breng op smaak met zout en peper en verdeel het mengsel over de schelpen. Snijd het brood in blokjes, rooster ze in een pan met de olie en hak ze fijn met een mes zodra ze knapperig zijn. Strooi over de schelpen en laat 3 minuten gratineren onder de grill. Serveer meteen.

Markies Incisa della Rocchetta
wijnbouwer

Een grote wijn moet stijl hebben, elegant zijn en rijpingspotentieel hebben. En hij moet in de loop der jaren die eigenschappen steeds verbeteren.

scampi met mirte

Voor de scampi: **16** middelgrote scampi • **1** eetlepel mirtelikeur • **1** takje mirte **100 ml** Vermentino di Gallura • **2** eetlepels extra vergine olijfolie • **1** eetlepel rijstemeel • **1** teen knoflook • zout en peper

Maak de scampi schoon. Verhit de olie in een steelpan met antiaanbaklaag, voeg de geperste knoflook en het takje mirte toe, voeg meteen de likeur toe en zet het vuur op de hoogste stand. Rol de scampi door het rijstemeel en bak ze dan in de steelpan. Blus met de wijn en breng op smaak met zout en peper. Laat de saus indikken en serveer meteen bij de scampi.

10 minuten *4 minuten* *gemakkelijk* *Vermentino di Gallura*

Toost op mij alleen
met je ogen... of laat
slechts een kus achter in
het glas, dan zal ik geen
wijn meer vragen.

Ben Jonson (1572-1637)
dramaturg, toneelspeler en dichter

bonenhapje uit Asti

Voor de bonen:

- **½ kg** borlottibonen, gedopt
- **100 g** spek
- **2** tenen knoflook
- **2** laurierblaadjes
- **1** eetlepel witte bloem
- **½ l** barbera
- **3-4** salieblaadjes
- groentebouillon
- peterselie
- tijm
- zout en peper

25 minuten *45 minuten* *gemakkelijk* *Barbera d'Asti*

Ingrediënten voor 6-8 personen

bonenhapje uit Asti

Laat de bonen weken en kook ze dan ongeveer 30 minuten in veel gezouten water. Was ondertussen de salie, tijm en peterselie en snijd ze samen met de knoflook en het spek fijn. Meng daarna alles goed. Laat de bonen uitlekken en voeg ze toe aan de groentemix. Voeg ook de laurierblaadjes toe en bak dan alles in een pan. Strooi er de bloem over en giet er dan de wijn over. Voeg ook een soeplepel groentebouillon toe. Breng op smaak.

Laat afgedekt koken tot de bonen zacht zijn en de saus niet te geconcentreerd is.

Serveer warm, bestrooid met verse, fijngesneden peterselie.

Een maaltijd zonder wijn is als een dag zonder zon.
Anthelme Brillat-Savarin (1755-1826)
gastronoom en politicus

pasta met fazant en vernaccia

Voor de pasta:
- **300 g** witte bloem
- **2** eieren, **3** eierdooiers, zout

Voor de saus:
- $^1/_2$ fazant
- **1** glas vernaccia
- **200 g** fijngesneden bleekselderie, wortelen en uien
- **3** eetlepels extra vergine olijfolie
- **100 g** tomatenvlees
- **1** eetlepel rozijnen
- **2** eetlepels pijnboompitten
- **100 ml** kippenbouillon
- **1** takje rozemarijn
- zout en peper

40 minuten *30 minuten* *gemakkelijk* *Vernaccia di San Gimignano*

pasta met fazant en vernaccia

Snijd de fazant in stukken. Bak de groenten in een pan met de olie en de rozemarijn. Voeg het vlees, de geroosterde pijnboompitten en de geweekte rozijnen toe. Blus met de wijn en laat de wijn verdampen. Als het vlees bijna gaar is, haalt u het uit de pan. Laat uitlekken en afkoelen. Verwijder de beentjes en snijd het vlees in stukken. Voeg het met de tomaten en de bouillon toe aan de saus. Breng op smaak met zout en peper en laat op een laag vuur inkoken. Kneed ondertussen de ingrediënten voor de pasta tot een deeg. Laat 20 minuten in de koelkast rusten (u kunt het ook een dag eerder maken). Vorm de pasta met een pastamachine of met de hand in repen van 1 cm. Kook de pasta in een pan met veel gezouten water tot hij al dente is. Laat uitlekken en serveer meteen met de saus.

Weetje

Tegenwoordig zijn de meeste fazanten die worden verkocht, gekweekte fazanten. Die laat u niet langer dan 24 uur voor het bereiden besterven in de koelkast. Als u echter het geluk hebt nog een wilde fazant te kunnen kopen, dan kunt u die 2-3 dagen laten besterven nadat de ingewanden zijn verwijderd.

spaghetti met chianti

Voor de spaghetti: 320 g spaghetti • **1** glas chianti classico • **1** stengel prei
1 klontje boter • **1** eetlepel suiker • **50 g** rijpe pecorino • zout en peper

Snijd de prei fijn en stoof hem op een laag vuur in een steelpan met de boter. Voeg regelmatig een beetje water toe om de prei zachter te maken. Voeg de wijn en de suiker toe en laat ongeveer 15 minuten inkoken tot een saus ontstaat. Breng op smaak en zet opzij. Kook de spaghetti in gezouten water, laat uitlekken en maak nestjes door de spaghetti met een vork in een kop te draaien en dat op een bord om te draaien. Giet de saus met de prei erbij en bestrooi met de in schilfers gesneden kaas.

15 minuten *25 minuten* *gemakkelijk* *Chianti classico*

Wie alleen water drinkt,
heeft een geheim
te verbergen.
Charles Baudelaire (1821-1867) • dichter

Romanée Conti: niet veel mensen kennen deze naam. Het is een van de beste wijnen ter wereld, hij wordt op slechts 2 ha wijngaarden in de Bourgogne verbouwd. Afhankelijk van de jaargang betaalt u voor deze zeldzame wijn (ongeveer) 1800 tot 3800 euro per fles.

cannelloni met fazant en vernaccia

Voor de cannelloni:

- **400 g** cannelloni
- **1** fazantenhen
- **70 g** varkensgehakt
- **150 g** fijngesneden bleekselderie, wortel en ui
- **1** glas vernaccia
- **3** eetlepels extra vergine olijfolie
- **1** teen knoflook
- **2** eetlepels tomatenvlees
- $^1/_2$ theelepel tomatenpuree
- **100 ml** vleesbouillon
- **3** salieblaadjes, zout en peper

30 minuten *20 minuten* *gemakkelijk* *Friuli Collio Merlot*

cannelloni met fazant en vernaccia

Snijd de fazantenhen in stukken nadat u de ingewanden hebt verwijderd en het vlees al even in de pan hebt aangeschroeid. Bak de fijngesneden groenten gaar op een laag vuur in een pan met de olie, de gepelde, geperste teen knoflook en de fijngehakte salie. Voeg het gehakt en een beetje later het fazantenvlees toe. Blus met de wijn, breng op smaak en laat nog 10 minuten koken op een hoog vuur. Voeg het tomatenvlees toe. Los de tomatenpuree op in een beetje bouillon en voeg toe.

Laat het fazantenvlees uitlekken en afkoelen. Maak het vlees los van de beentjes en snijd het fijn. Voeg het vlees opnieuw toe aan de pan, breng op smaak en laat op een laag vuur inkoken. Kook de cannelloni in gezouten water en laat uitlekken. Serveer de cannelloni met de saus.

De wijngaard Ronco delle Mele van Venica & Venica

tagliolini met jakobsschelpen en pinot

Voor de tagliolini: **400 g** tagliolini • **250 g** jakobsschelpen • **150 g** groene aspergepunten • **4** courgettes met bloem • **1** sjalotje • **20 g** boter • **1** theelepel geraspte gember • **6** eetlepels extra vergine olijfolie • **100 ml** pinot blanc • zout

Snijd het sjalotje fijn en stoof de helft in de olie. Voeg de fijngesneden jakobsschelpen toe en blus met de wijn. Stoof de rest van het sjalotje met de boter. Voeg asperges en fijngesneden courgettes toe. Dek de pan af en stoof 10 minuten. Voeg wat warm water toe. Voeg net voor alles gaar is de fijngesneden courgettebloemen toe. Voeg de groenten toe aan de jakobsschelpen en breng op smaak met zout en de gember. Kook de tagliolini en serveer met de saus.

20 minuten *20 minuten* *gemakkelijk* *Alto Adige Pinot Bianco*

Stanko Radikon
wijnbouwer

Wijn bestond al lang voor men het filteren, de gist of zwaveldioxide kende.

Door een vrouw raakte ik aan de drank. En ik heb nooit het fatsoen gehad haar daarvoor te bedanken.

W.C. Fields (1880-1946) • komiek

winterse risotto met artisjokken

Voor de risotto: **320 g** risottorijst • ½ glas extra vergine olijfolie • **4** artisjokken **2** uien • **2** tenen knoflook • **3** ontzoute ansjovissen • ½ glas witte wijn **2 l** groentebouillon • **1** citroen • Parmezaanse kaas

Maak de artisjokken schoon en verwijder de buitenste bladeren en de harde kern. Snijd de artisjokken in plakken en leg ze in een kom met water en het sap van de citroen. Snijd de uien, de knoflook en de ansjovissen fijn. Verhit de olie in een pan en voeg de uien, de knoflook, de ansjovissen en de uitgelekte plakken artisjok toe. Laat 5 minuten bakken, voeg de rijst toe, laat 1 minuut bakken en blus met de wijn. Roer en voeg langzaam de groentebouillon toe. Laat de rijst gaar koken, maak hem smeuïg met Parmezaanse kaas.

15 minuten *30 minuten* *gemakkelijk* *Grignolino d'Asti*

Ik drink voor de dorst die nog moet komen.

François Rabelais (1483-1553)
schrijver en humanist

risotto met bonen

Voor de risotto:

- **360 g** risottorijst
- **50 g** boter
- **50 g** spek
- **70 g** spekzwoerd
- **1** salami
- **200 g** borlottibonen
- **1** ui
- $^{1}/_{2}$ savooiekool
- **1** wortel
- **1** stengel bleekselderie
- **1** glas rode wijn
- peper

20 minuten *180 minuten* *gemakkelijk* *Gattinara*

risotto met bonen

Maak de kool, de wortel en de bleekselderie goed schoon en snijd alles fijn. Laat de groenten samen met de bonen ongeveer 3 uur koken in een grote pan met gezouten water. Snijd de ui in dunne plakken. Doe in een andere pan het fijngesneden spek, het zwoerd, de plakken ui, de helft van de boter en de in stukjes gesneden salami. Laat enkele minuten bakken, voeg dan de rijst toe en laat nog 1 minuut bakken onder voortdurend roeren. Blus met de rode wijn. Als de wijn is verdampt, voegt u een beetje van de bouillon van de gekookte groenten met de groenten toe. Breng aan de kook. Maak de gare rijst smeuïg met de rest van de boter. Werk af met een snufje peper.

Weetje

Dit is een traditioneel, Italiaans gerecht. Als u het volgens de regels van de kunst wilt bereiden, mag u er, in tegenstelling tot bij veel andere risottorecepten, geen Parmezaanse kaas aan toevoegen.

Wijngaard van Monte delle Vigne (Ozzano Taro, Parma)

Salvo Foti • *wijnbouwer*

Elke wijn is als een boek dat aandachtig moet worden gelezen, waarvan we de auteur kennen, in welke omstandigheden en wanneer het is geschreven. We lezen telkens opnieuw een ander verhaal dat afhangt van het terroir, de wijnstokken en de cultuur van de mensen die hem hebben geproduceerd.

risotto met fontinakaas

Voor de risotto: **300 g** risottorijst • $^1/_2$ ui • **30 g** boter • **150 g** fontinakaas
1 l vleesbouillon • **1** glas witte wijn

Laat de boter in een pan smelten, voeg de fijngesneden ui toe en laat stoven. Voeg de rijst toe, laat even bakken en blus dan met de witte wijn.
Zodra de wijn is verdampt, voegt u de bouillon langzaam toe. Laat koken en maak de risotto na 15 minuten smeuïg met de fijngesneden fontina. Laat de kaas op een laag vuur smelten. Serveer goed warm.

10 minuten *16 minuten* *gemakkelijk* *Valle d'Aosta Torrette*

zwarte rijst

Voor de rijst:

- **400 g** rijst
- **600 g** inktvissen
- **2** tenen knoflook
- **1** rode, Spaanse peper
- **2** eetlepels tomatenpulp
- **1** soeplepel visbouillon of warm water
- **1** glas witte wijn
- extra vergine olijfolie, zout

Om te garneren:

- **1** tomaat

40 minuten *20 minuten* *gemiddeld* *Toscaanse chardonnay*

zwarte rijst

Maak de inktvissen schoon en verwijder de zakjes inkt. Spoel de inktvissen en snijd ze in stukken. Verhit 3 eetlepels olijfolie in een pan en voeg de Spaanse peper en de geperste tenen knoflook toe. Zodra de knoflook begint te verkleuren, voegt u de inktvissen toe en brengt u ze op smaak met zout. Als de inktvissen kleur krijgen, voegt u de rijst toe. Laat onder voortdurend roeren even bakken en blus dan met de wijn. Blijf roeren en voeg de bouillon toe als de wijn is verdampt. Voeg de inkt toe aan de rijst terwijl u blijft roeren. Voeg daarna ook de tomatenpulp toe en breng aan de kook (voeg indien nodig een beetje water toe). Serveer de zwarte rijst warm, eventueel bestrooid met geraspte Parmezaanse kaas. Garneer met kleine blokjes tomaat.

Homerus • *dichter*

Wijn is zo gek dat hij zelfs een heel wijze man een lied kan doen aanheffen, hem smakelijk kan doen lachen, hem kan doen dansen en woorden aan hem kan laten ontsnappen die hij beter zou verzwijgen.

risotto met oesters en champagne

Voor de risotto: 300 g risottorijst • **8** oesters • ½ ui • **1** glas champagne
1 onbehandelde sinaasappel • **100 g** ricotta • **1** takje citroentijm • **1,5 l** water
1 klontje boter • zout

Stoof de ui met de boter en blus met wat water. Voeg de rijst toe, zet het vuur hoger en laat even bakken. Blus met de champagne en voeg het kokende water toe. Open de oesters en giet het vocht bij de rijst. Rasp een beetje sinaasappelschil, schil dan de sinaasappel en maak de partjes los van de witte vliezen. Breng de risotto op smaak met de sinaasappelschil, de citroentijm en zout en serveer met een schepje gladgeroerde ricotta, de partjes sinaasappel en de oesters, die warm worden door de risotto.

20 minuten *15 minuten* *gemakkelijk* *Champagne blanc de blanc*

Wijn en muziek waren voor mij de beste kurkentrekker.

Anton Tsjechov (1860 -1904)
schrijver en dramaturg

Wijn is voor de ziel wat water is voor het lichaam.

Mario Soldati (1906-1999)
schrijver, regisseur
en scenarist

risotto met kwartels

Voor de risotto:

- **250 g** risottorijst
- **2** glazen Amarone della Valpolicella
- **50 g** boter
- **1 l** groentebouillon
- **1/2** ui
- **4** kwartels
- **1** takje rozemarijn
- **2** tenen knoflook
- **3** eetlepels extra vergine olijfolie
- **3** salieblaadjes, zout en peper

25 minuten *40 minuten* *gemakkelijk* *Amarone della Valpolicella*

risotto met kwartels

Snijd de ui fijn en stoof hem op een laag vuur in een pan zonder hem bruin te laten kleuren (voeg indien nodig een beetje water toe). Voeg de rijst toe, verhoog de temperatuur en laat even bakken. Blus met $^2/_3$ van de wijn en laat de wijn verdampen. Voeg dan langzaam de bouillon toe. Als de rijst gaar is, maakt u hem smeuïg door de boter toe te voegen. Verdeel de rijst over 4 ronde vormen en druk goed aan met een lepel. Laat afkoelen. Verhit ondertussen in een pan de olie en de knoflook, voeg de salie, de rozemarijn en de kwartels toe en laat bakken. Blus met de rest van de wijn en laat nog 10 minuten koken. Breng op smaak met zout en peper. Bak de schijven rijst in een pan, zodat een harde korst ontstaat. Serveer de kwartels op de rijst en overgiet met het bakvocht.

Goede wijn
behoeft geen krans.
Spreekwoord

Francesco Guccini

zanger-liedjesschrijver

... Maar als ik dit alles had zien aankomen,
had ik misschien nog hetzelfde gedaan.
Ik hou van zingen, van wijn drinken, van
herrie maken en dus ben ik dom geboren...

gevuld konijn

Voor het konijn:

- **1** heel konijn (ongeveer 1,2 kg)
- **50 g** rauwe ham
- **40 g** gerookt spek
- de blaadjes van **1** venkel
- **3** tenen knoflook
- **½ l** Tocai Friulano
- **3** eetlepels extra vergine olijfolie
- **2** laurierblaadjes
- **1** takje rozemarijn
- zout en peper

30 minuten *70 minuten* *gemiddeld* *Montepulciano Cerasuolo*

gevuld konijn

Verwarm de oven voor op 170°C. Maak het konijn schoon en leg de lever opzij. Wrijf het konijn in met 1 teen knoflook, zout en peper. Laat marineren in 300 ml van de wijn met de laurierblaadjes en de rozemarijn. Laat de venkelblaadjes 20 minuten met 1 teen knoflook in ½ liter water koken. Verwijder de knoflook en snijd de venkelblaadjes fijn (bewaar het kookvocht). Snijd de ham, het spek en de lever fijn en bak alles met 2 eetlepels van de olie en 1 fijngesneden teen knoflook. Voeg de venkelblaadjes toe en laat 5 minuten trekken. Breng op smaak met zout en peper. Vul het konijn met het mengsel en naai het dicht. Besmeer met de rest van de olie en laat 30 minuten bakken in de oven. Overgiet met de rest van de witte wijn. Laat nog 40 minuten bakken en overgiet met het kookvocht van de venkelblaadjes. Draai het konijn af en toe om.

Weetje

Het konijn wordt vooral gevuld met fijngesneden ham en spek. Om het wat gezonder en smakelijker te maken heeft men er de venkelblaadjes en nog enkele andere kruiden aan toegevoegd.

Wijn is de poëzie van de aarde.
Marco Soldati (1906-1999)
schrijver, regisseur en scenarist

Wijn is een soort
innerlijke glimlach
die het aangezicht van
onze gedachten
tijdelijk mooier maakt.

Henri de Régnier (1864-1936)
schrijver en dichter

varkenslever met kruiden

Voor de lever: **400 g** varkensnet • **650 g** varkenslever • **6** eetlepels extra vergine olijfolie • **125 ml** rode wijn • **3** tenen knoflook • venkelblaadjes (met takjes) venkelzaden • laurierblaadjes • zout en peper

Spoel het varkensnet en laat het 5-10 minuten weken in lauw water. Pel de knoflook en snijd hem samen met een snufje venkelzaden fijn. Breng op smaak met zout en peper. Spoel de lever en snijd hem in stukken. Rol de stukken lever door de fijngesneden knoflook en wikkel ze afzonderlijk in een stuk varkensnet. Maak het vast met een takje venkel. Bak de lever in de olie, blus met de wijn en bak 6-8 minuten op een laag vuur. Serveer goed warm.

20 minuten *20 minuten* *gemakkelijk* *Carmignano Rosso*
Ingrediënten voor 6 personen

kruidig varkensgebraad

Voor het gebraad:

- **1 kg** varkensfilet
- **150 g** spek
- **1** ui
- **2** wortelen
- **2** stengels bleekselderie
- **2** glazen witte wijn
- **200 ml** bouillon
- **1** takje rozemarijn
- **5** salieblaadjes
- **2** takjes tijm
- **2** tenen knoflook
- **2** eetlepels extra vergine olijfolie
- zout en peper

20 minuten *60 minuten* *gemakkelijk* *Chianti classico*

kruidig varkensgebraad

Verwarm de oven voor op 200°C. Bestrooi het vlees met zout en peper en leg het in een met de olie ingesmeerde vuurvaste schotel. Snijd de knoflook en de kruiden (rozemarijn, salie en tijm) fijn en strooi ze over het vlees. Leg dan het spek in plakjes op het vlees. Maak de groenten schoon en snijd ze in stukken. Voeg ze rauw toe aan het vlees. Laat circa 50 minuten bakken in de oven. Overgiet na enkele minuten met de wijn en halverwege de braadtijd met de bouillon. Met de bouillon kunt u ook de aanbaksels deglaceren om de saus te maken. Bedruip het gebraad regelmatig met een eetlepel van het bakvocht, zodat het niet uitdroogt. Serveer het vlees in dunne plakken met de ingekookte saus.

Ik drink om
de anderen
interessant
te maken.

George Jean Nathan (1882-1958)
theatercriticus

Giuseppe Quintarelli • *wijnbouwer*

Mijn wijnen zijn niet groots, maar het zijn goede wijnen die goed zijn gemaakt. Ik probeer wijnen te maken die ik zelf goed vind. Ik heb geen referenties of idealen, ik wil alleen wijnen maken zoals ik ze altijd thuis heb gedronken. Ik heb alles geleerd van mijn voorouders, zij hebben mij al het nodige bijgebracht.

Een mens wordt beter als hij drinkt, hij doet goede zaken, kan alles aan, is gelukkig en steunt zijn vrienden.

Aristophanes
(ca. 450-388 v.C.)
dramaturg

kabeljauwblokjes met citroen

Voor de kabeljauwblokjes: $^{1}/_{2}$ **kg** kabeljauwfilet • **1** citroen • **10** groene olijven **1** glas chardonnay • **2** eetlepels witte bloem • **1** eetlepel verkruimelde soepstengels **3** eetlepels extra vergine olijfolie • **2** tenen knoflook • zout en peper

Verwijder indien nodig de graten uit de vis en snijd de vis dan in blokjes. Meng de bloem met de verkruimelde soepstengels en een beetje zout en rol de blokjes vis erdoor. Pel de knoflook en bak hem met de olijfolie in een pan. Voeg de vis toe en blus met de witte wijn. Draai de vis regelmatig om en voeg net voor de vis gaar is, de fijngesneden olijven en het sap van de citroen toe. Breng op smaak met zout en peper en serveer.

15 minuten *15 minuten* *gemakkelijk* *Siciliaanse chardonnay*

fazant met truffels en eekhoorntjesbrood

Voor de fazant:

- **1** fazant
- **8** plakjes spek
- **1** glas witte wijn
- **1** witte truffel (circa 15 g)
- **1** zwarte truffel (circa 20 g)
- zout en peper

Voor de saus:

- **200 g** eekhoorntjesbrood
- **30 g** boter
- $^1/_2$ ui
- **1** glaasje cognac
- tijm
- zout en peper

30 minuten *180 minuten* *gemiddeld* *Brunello di Montalcino*

fazant met truffels en eekhoorntjesbrood

Verwarm de oven voor op 120°C. Maak het eekhoorntjesbrood schoon en snijd het in plakjes. Bak de ui met de boter in een pan. Voeg het eekhoorntjesbrood toe, zet het vuur hoger en blus met de cognac. Voeg zout, peper en een beetje tijm toe en laat nog 5 minuten bakken. Maal dan alles fijn. Maak de fazant schoon, verwijder kop, poten en ingewanden en spoel hem goed. Bestrooi met zout en peper. Snijd een halve witte truffel in plakjes en stop die onder het vel. Wikkel het spek om de fazant in een schotel waarin u de wijn hebt gegoten, en bind het vast met een touwtje. Laat de fazant minstens 3 uur in de oven bakken en verwijder dan het touwtje. Verhit de saus met het eekhoorntjesbrood en voeg de rest van de witte truffel in plakjes toe. Giet de saus over de fazant en garneer met in reepjes gesneden zwarte truffel.

Blauwe druiven zijn rijk aan polyfenolen.

gevulde artisjokken

Voor de artisjokken: **8** grote artisjokken • **250 g** gehakt • **1** rode paprika • **70 g** zwarte olijven • **6** eetlepels extra vergine olijfolie • **200 ml** Sorni Bianco • **2** tenen knoflook • **1** citroen • peterselie • zout en peper

Verwarm de oven voor op 220°C. Bak de fijngehakte knoflook in de olie. Voeg het gehakt toe, laat 2 minuten bakken en blus met de wijn. Houd warm. Snijd de paprika in blokjes en bak ze 5 minuten met zout in de olie. Maak de artisjokken schoon, hol ze uit en leg ze in koud water met citroensap. Snijd de olijven fijn en meng ze met de paprika en het gehakt. Breng op smaak en voeg fijngehakte peterselie toe. Kook de artisjokken en laat ze afkoelen. Vul ze met het mengsel en laat 10 minuten bakken in de oven.

25 minuten *20 minuten* *gemakkelijk* *Sorni Rosso*

Salvo Foti • *wijnbouwer*

Voor je een wijn kunt beoordelen, moet je, net zoals je dat bij mensen doet, je informeren, je moet je oordeel baseren op kennis. Kennis helpt de wijn begrijpen en juist beoordelen.

geglazuurd varkensgebraad

Voor het varkensgebraad:

- **700 g** varkensfilet
- $\frac{1}{2}$ fles Morellino di Scansano
- $\frac{1}{2}$ eetlepel venkelzaden
- **2** tenen knoflook
- **1** eetlepel kastanjehoning
- **1** afgestreken eetlepel suiker
- **3** salieblaadjes
- **2** theelepels extra vergine olijfolie
- **1** klontje boter
- zout en peper

20 minuten *15 minuten* *gemakkelijk* *Morellino di Scansano*

geglazuurd varkensgebraad

Snijd de varkensfilet in 4 stukken en breng ze op smaak met de fijngehakte salie, de geplette venkelzaden, zout en peper. Doe de wijn met de suiker in een pan en laat tot de helft inkoken op een laag vuur.

Verhit een grote pan met de olie en de boter, voeg de ongepelde knoflook toe en laat even bakken. Voeg dan het vlees toe en laat het aan alle kanten bruin bakken. Voeg na enkele minuten de ingekookte wijn toe en zet het vuur hoger. Los de honing op in het bakvocht van het vlees, zodat een stroop ontstaat. Laat inkoken en schep de stroop dan voortdurend over het vlees, zodat een glazuurlaag ontstaat. Serveer de stukken varkensgebraad in tweeën gesneden met de rest van de stroop.

Weetje

Morellino di Scansano is oorspronkelijk afkomstig uit de provincie Grosseto en is een populaire wijn. Hij heeft een robijnrode kleur, bijna granaatrood, en hoe ouder hij is, hoe sterker de geur die hij verspreidt. Deze wijn past uitstekend bij gebraden rood vlees en wild.

Gualtiero Marchesi • *chef*

Eten en wijn zijn
in de eerste plaats
genot en voedsel,
we zijn wat we eten.

lamscarré met Cannonau

Voor de carré:

- **800 g** lamscarré
- **300 ml** Cannonau
- **1** trosje rode aalbessen
- **1** afgestreken eetlepel honing
- **1** eetlepel fijngehakte kruiden (rozemarijn, salie, tijm)
- **8** zoete aardappelen
- **2** eetlepels extra vergine olijfolie
- **100 g** boter
- **200 ml** groentebouillon
- **1** snufje gemalen koffie
- nootmuskaat
- zout en peper

25 minuten *20 minuten* *gemakkelijk* *Cannonau*

lamscarré met Cannonau

Verwarm de oven voor op 200°C. Meng een flinke snuf zout met de koffie en de fijngehakte kruiden en wrijf daarmee het vlees in, waarvan u eerst het vet hebt verwijderd. Verhit de olijfolie in een pan en bak het in 4 stukken gesneden vlees kort. Blus met de helft van de wijn en laat 3-4 minuten koken. Laat het vlees uitlekken, leg het op een bord en bedek het met aluminiumfolie. Voeg de rest van de wijn toe aan de pan, samen met de honing en de aalbessen. Laat inkoken tot de saus stroperig is.

Schil ondertussen de aardappelen en bak ze in de boter tot ze goudbruin zijn. Giet de warme bouillon erover en breng op smaak met nootmuskaat, zout en peper. Laat koken tot ze gaar zijn. Bak het vlees 7-8 minuten in de oven, zodat het in het midden nog roze is. Serveer met de aardappelen en de saus.

Weetje

Cannonau is een eersteklas wijn. Men laat hem doorgaans een jaar rijpen in eiken- of kastanjevaten. Als hij drie jaar heeft gerijpt, mag men hem 'Riserva' noemen. Minder bekend is dat er ook een roséversie van de Cannonau wordt geproduceerd. Die past uitstekend bij lichtere gerechten op basis van vlees of groenten.

Wijn is een van de meest beschaafde dingen ter wereld.

Ernest Hemingway (1899-1961) • schrijver

rode poon met kerstomaten

Voor de rode poon: **1** rode poon (circa 700 g) • **8** kerstomaten • **1** glas Greco di Tufo • **2** tenen knoflook • **1** wortel • **1** stengel bleekselderie • **3** eetlepels extra vergine olijfolie • oregano • zout

Maak de vis schoon en maak midden in elke filet een inkeping. Maak de bleekselderie en de wortel schoon, snijd ze fijn en doe ze met de olie, de knoflook en een beetje water in een pan. Breng aan de kook, voeg de wijn en een snufje oregano toe, laat de alcohol verdampen en voeg dan de vis toe (die moet voor de helft zijn ondergedompeld). Voeg de gehalveerde kerstomaten toe, breng op smaak met zout, dek af en laat 20 minuten op een middelhoog vuur koken. Laat 15 minuten rusten en serveer.

20 minuten *20 minuten* *gemakkelijk* *Greco di Tufo*

runderfilet met uien in Barbera en balsamico

Voor de runderfilet:
- $^1/_2$ **kg** magere runderfilet
- **2** takjes rozemarijn
- **8** laurierblaadjes
- zout en peper

Voor de uien:
- **300 g** zilveruitjes
- **1** glas Barbera
- **1** theelepel balsamicoazijn
- **3** eetlepels extra vergine olijfolie
- zout

20 minuten *15 minuten* *gemakkelijk* *Oltrepò Pavese Barbera*

runderfilet met uien in Barbera en balsamico

Kook de zilveruitjes 5 minuten in gezouten water en laat uitlekken. Snijd de uitjes in grote stukken en bak ze 4-5 minuten in een pan met de olie. Blus ze met de wijn en de azijn en laat een beetje inkoken.

Snijd de filet in 4 stukken en bind ze samen. Bevestig de takjes rozemarijn en de laurierblaadjes op het vlees.

Bestrooi een gietijzeren pan met zout en verhit ze tot het zout begint te 'springen'. Voeg het vlees toe en laat bakken tot aan de buitenkant een mooie korst ontstaat en het vlees in het midden nog een beetje roze is. Serveer met de zilveruitjes in de wijn en de azijn.

Tip

Voor het beste resultaat bakt u de filet op de barbecue in plaats van in een gietijzeren pan. Als u de filet wilt omdraaien, prik er dan niet met een vork in, anders gaan de sappen verloren.

De nieuwe wijn doet ons niet altijd vergeten wat de wijnstokken ons het jaar ervoor hebben geschonken.

Simonides (555-466 v.C.) • dichter

Wijn kan zelfs het smerigste krot **bekleden** met een wonderbaarlijke luxe en laat fabelachtige portalen verschijnen in het goud van zijn **rode damp**, zoals een zonsondergang bij een bewolkte hemel.

Charles Baudelaire (1821-1867) • dichter

gemarineerde lever in Vin Santo met salie

Voor de lever: $^1/_2$ **kg** runderlever (heel) • $^1/_2$ **l** verse melk • **1** glas Vin Santo • **7-8** salieblaadjes • **2** eetlepels extra vergine olijfolie • **1** takje rozemarijn • grof zout

Leg de lever in een schotel, voeg de melk, de wijn, de fijngehakte salieblaadjes en de rozemarijn toe. Laat 1 dag afgedekt marineren in de koelkast. Haal de lever dan uit de marinade en snijd hem in 3-4 stukken. Verhit een gietijzeren pan die u hebt besmeerd met de olijfolie en hebt drooggedept met keukenpapier. Strooi er grof zout in en bak de stukken lever erin tot ze vanbinnen nog roze zijn. Laat 2 minuten rusten en snijd de lever dan in plakken. Serveer met gekookte groenten.

15 minuten *10 minuten* *gemakkelijk* *Gewürztraminer Vendemmia Tardiva*

varkensfilet met geglazuurde vijgen

Voor het vlees:

- **550 g** varkensfilet
- szechuanpeper
- **4** eetlepels extra vergine olijfolie
- **2** tenen knoflook
- **2** laurierblaadjes, zout

Voor de vijgen:

- **6** rode vijgen
- **1** klontje boter
- **1** theelepel rietsuiker
- **1** glas Amarone della Valpolicella
- zout

20 minuten *30 minuten* *gemakkelijk* *Sangiovese di Romagna*

varkensfilet met geglazuurde vijgen

Spoel de vijgen en verwijder het steeltje. Snijd de vijgen dan in 4 partjes. Verhit in een pan de boter met de rietsuiker, voeg de vijgen en een beetje later de wijn toe. Breng langzaam aan de kook en roer voorzichtig, zodat de vijgen worden bedekt met het glazuur. Voeg een beetje zout toe.

Snijd ondertussen de filet in 4 stukken en breng ze op smaak door ze door szechuanpeper en een beetje zout te wentelen.

Verhit een pan met de olijfolie, de knoflook en de laurierblaadjes en bak het vlees 6-7 minuten op een hoog vuur, zodat het aan de buitenkant mooi bruin is en vanbinnen nog een beetje roze. Serveer de filets doorgesneden met enkele partjes geglazuurde vijgen en de rest van de saus.

Weetje

Szechuan is de grootste provincie van China. De bodem is er heel vruchtbaar en het klimaat warm en vochtig. De gewassen kunnen er het hele jaar door goed groeien. Een van de bekendste producten uit deze streek is szechuanpeper.

Drink met mate: een teveel aan wijn onthult geheimen en houdt geen beloften.

Miguel de Cervantes (1547-1616) • schrijver

duif met rodekool in merlot

Voor de duif:

- **4** duiven
- **2** tenen knoflook
- **1** takje rozemarijn
- **2** salieblaadjes
- **3** eetlepels extra vergine olijfolie
- **1** laurierblaadje
- **100 ml** kippenbouillon
- zout en peper

Voor de rodekool:

- **1/4** rodekool
- **2** eetlepels extra vergine olijfolie
- **1** eetlepel azijn
- **1** theelepel honing
- **1** glas merlot
- **1/2** ui
- zout en peper

20 minuten *40 minuten* *gemakkelijk* *Alto Adige Merlot*

duif met rodekool in merlot

Snijd de ui in plakken en stoof ze in een pan met de olie tot ze glazig zijn. Voeg de fijngesneden rodekool en de honing toe en blus met de azijn. Breng op smaak met zout en peper en voeg de rode wijn toe. Zet het vuur lager en laat het gerecht ongeveer 20 minuten koken, tot de saus is ingedikt.

Maak de duiven schoon en wrijf ze in met de fijngehakte rozemarijn en salie. Verhit een pan met de olie, de hele tenen knoflook en het laurierblaadje en bak de duiven erin. Blus met de bouillon tot het vlees is ondergedompeld en laat 15 minuten koken. Breng op smaak, maak de bouten van de duiven los en haal het vlees van de borst. Schep een beetje rodekool in het midden van een bord, leg de stukken duif erop en garneer naar wens met verse kruiden.

Weetje

Rodekool behoort tot de familie van de sluitkolen, net zoals trouwens de wittekool (variëteit *alba*). De rodekool behoort tot de variëteit *rubra*.

Er is niets mis met soberheid in kleine doses.

John Ciardi (1916-1986)

dichter en vertaler

De glooiende heuvels in Franciacorta

damhert met bosvruchten

Voor het vlees: **400 g** damhert • **100 g** rode aalbessen • **100 g** bosbessen
1 stengel bleekselderie • ½ wortel • ½ rode ui • **2** laurierblaadjes • **100 ml** rode wijn • **6** eetlepels extra vergine olijfolie • zout en peper

Snijd het damhertenvlees in plakjes van 1 cm. Maak de aalbessen los van de takjes en spoel ze met de bosbessen. Snijd de bleekselderie, de wortel en de rode ui fijn en stoof de groenten op een zacht vuur in de olijfolie met de laurierblaadjes. Voeg het vlees toe, laat 30 seconden bakken en draai het om. Voeg de bosvruchten toe en blus met de rode wijn. Breng op smaak met zout en peper en laat inkoken. Schik de plakjes vlees in een waaier op borden en serveer met de bakvloeistoffen.

20 minuten *10 minuten* *gemakkelijk* *Alto Adige Santa Maddalena*

Renato Mereu • *wijnbouwer*

Kwaliteitswijn (dat wil zeggen die voldoende lang houdbaar is en in staat is genot te verschaffen) was in de oudheid een betaalmiddel. Men ruilde hem tegen handelswaren.

gevulde kippenrol met gekonfijte citroen en Bardolino

Voor de kippenrol:

- **1** grote kippenborst
- **8** dikke plakken gekookte ham
- **1** glas Bardolino Chiaretto
- **1** onbehandelde citroen
- **4** eetlepels balsamicoazijn
- **2** takjes tijm
- **150 g** fijngesneden bleekselderie, wortel en ui
- **2** salieblaadjes
- **1** eetlepel suiker
- **3** eetlepels extra vergine olijfolie
- **1** klontje boter, zout en peper

20 minuten *25 minuten* *gemakkelijk* *Bardolino Chiaretto*

gevulde kippenrol met gekonfijte citroen en Bardolino

Was en schil de citroen, snijd de schil in reepjes en doe die in een pan met koud water. Breng aan de kook en giet af. Herhaal dat nog tweemaal en doe de schil dan met de boter en de suiker in een pan. Zodra de suiker begint te karamelliseren, blust u met 2 eetlepels van de azijn en laat u de karamel inkoken. Snijd de kippenborst door, verwijder de beentjes en halveer elk stuk horizontaal. Leg de filets tussen 2 ingeoliede stukken plasticfolie en klop ze plat. Breng op smaak met zout en peper en leg er de plakken ham en een beetje van de citroenschil op. Rol de kip op tot een rol en bind die vast. Bak de kippenrol met olie, salie, tijm en groenten in een pan. Blus met de wijn en de rest van de balsamico, breng aan de kook met de citroenschil en draai het vlees regelmatig om.

salade van konijn en kikkererwten

Voor de salade: **2** konijnenruggen • **200 g** kikkererwten • **2** salieblaadjes • **2** tenen knoflook • **1** eetlepel balsamicoazijn • **15** ontzoute kappertjes • **4** eetlepels extra vergine olijfolie • ½ glas Lagrein Rosato • zout en peper

Maak de lenden van de konijnen los en snijd de rest van het vlees in stukken. Bak het vlees, behalve de lenden, in een pan met 1 teen knoflook, de helft van de olie en de salie. Blus met de azijn en voeg de gekookte kikkererwten toe. Breng op smaak met zout en peper. Verhit in een tweede pan de rest van de olie met de andere teen knoflook. Bak de 4 lenden, breng op smaak en blus met de roséwijn. Laat het vlees uitlekken en snijd het in plakken. Verdeel alles over 4 diepe borden, met de fijngesneden kappertjes.

20 minuten *15 minuten* *gemiddeld* *Lagrein Rosato*

Wijn bereidt het
hart voor op de passie.

Ovidius (43 v.C.-17 n.C.) • dichter

rundvlees met spek

Voor het rundvlees: $^1/_2$ **kg** runderlappen • **100 g** fijngesneden bleekselderie, wortel, ui • **4** eetlepels extra vergine olijfolie • **1** glas sangiovese • suiker **1** laurierblaadje • **2** plakken spek • **1** teen knoflook • zout

Snijd het spek fijn en bak het in een braadpan met de olie en de teen knoflook. Blus met een beetje van de wijn. Snijd het vlees in dikke repen en voeg ze toe aan de pan. Voeg ook het laurierblaadje en de rest van de wijn, een snufje suiker en een beetje zout toe. Laat op een laag vuur sudderen en voeg de fijngesneden groenten toe. Laat het vocht op een laag vuur inkoken, maar zorg ervoor dat het vlees niet taai wordt. Laat 20 minuten rusten en serveer met de saus.

15 minuten *20 minuten* *gemakkelijk* *Rosso di Montalcino*

Geheelonthouders hebben **gelijk**, maar alleen de drinkers weten **waarom.**

Simon Carmiggelt (1913-1987) • *schrijver*

zalm met pinot blanc en roze peper

Voor de zalm:

- **550 g** Noorse zalmfilet
- **50 g** boter
- **1** glas pinot blanc
- **1** plukje dille, **2** tenen knoflook
- **1** eetlepel witte bloem
- **1** theelepel roze peperkorrels
- zout en peper

Voor de venkel:

- **4** venkelknollen, **1** citroen
- azijn
- **120 g** grof paneermeel
- **2** eetlepels extra vergine olijfolie
- **1** ei
- zout

20 minuten *20 minuten* *gemakkelijk* *Val d'Aosta Pinot Bianco*

zalm met pinot blanc en roze peper

Verwarm de oven voor op 200°C. Verwijder eventuele graten en het vel van de zalm. Snijd de zalm in 4 stukken en breng ze op smaak met zout, peper, de dille, de knoflook en de roze peper. Dek af met plasticfolie en laat marineren in de koelkast. Maak de venkelknollen schoon en snijd ze in 4 stukken. Stoom ze boven water met azijn en het sap van de citroen om ze meer smaak te geven. Meng het paneermeel met de olie en het ei. Laat de stukken venkel afkoelen en rol ze door het paneermeelmengsel. Breng op smaak, schik de groenten in een schotel en laat 10 minuten gratineren in de oven. Wentel de zalm door de bloem en bak de stukken in een pan met antiaanbaklaag met de boter. Blus meteen met de wijn en laat zachtjes inkoken. Serveer met de knapperige, gegratineerde stukken venkel.

Weetje

Niet iedereen weet dat roze peper geen echte pepersoort is, maar een bes die oorspronkelijk afkomstig is van Zuid-Amerika. Wat smaak en geur betreft, lijkt de bes wel op peper. U kunt roze peper in veel gerechten gebruiken, onder andere bij visgerechten.

lamslende met pinot noir

Voor het vlees: 1/2 **kg** lamslende • **300 ml** pinot noir • 1/2 sjalotje • **1** theelepel milde peperkorrels • **60 g** reuzel • **1** theelepel kastanjehoning • zout en peper

Snijd het vlees in 4 stukken, breng ze op smaak en bak ze met de reuzel in een pan op een laag vuur, zodat het vlees zacht blijft. Het vlees is gaar als er geen rood, maar rozig vocht uit komt als u er met een cocktailprikker in prikt. Laat het vlees uitlekken. Snijd het sjalotje in 4 stukken en doe het met de wijn, de honing en de peperkorrels in een pan. Laat op een hoog vuur inkoken. Snijd het vlees in 2 dikke plakken en glaceer die met de ingedikte saus op basis van de pinot noir.

20 minuten *60 minuten* *gemakkelijk* *Alto Adige Pinot Nero Riserva*

Ernst Theodor Wilhelm Hoffmann

(1776-1822) • componist

De consciëntieuze muzikant moet wijn uit de Champagne drinken om een komisch stuk te componeren. Daarin herken je de levendige en lichte opgewektheid die het genre vraagt om een schitterend stuk zonder bezinksels te kunnen voorstellen.

Het leven is veel te kort om middelmatige wijnen te drinken.

Johann Wolfgang von Goethe (1749-1832)
romanschrijver en dichter

octopus met rode aardappelen

Voor de octopus: **1** octopus (circa 500 g) • **2** tenen knoflook • **2** rode paprika's **2** glazen cabernet • **2** stengels bleekselderie • **3** uien • **5-6** rode aardappelen **4** eetlepels extra vergine olijfolie • zout en peper

Verwarm de oven voor op 200°C. Verwarm 3 liter water met wijn, knoflook, paprika en bleekselderie. Voeg de octopus toe zodra het mengsel kookt en laat het na 35 minuten afkoelen. Maak de aardappelen schoon, snijd ze in stukken en bak ze met 3 eetlepels olie, zout en peper in de oven. Draai ze regelmatig om. Maak de uien schoon en snijd ze in 4 partjes en kook ze in gezouten water glazig. Laat afkoelen en breng op smaak met de rest van de olie, zout en peper. Snijd de octopus in stukken en serveer alles op borden.

20 minuten *35 minuten* *gemakkelijk* *Friuli Collio Cabernet*

runder-kipterrine met sangiovesesaus

Voor de terrine:

- **200 g** mager rundvlees
- **300 g** soepkip (plus enkele beenderen)
- **1** glas gewürztraminer
- **3** wortelen
- **2** stengels bleekselderie
- **2** laurierblaadjes
- **1** ui
- **7-8** Spaanse pepers
- **2** blaadjes gelatine
- zwarte peperkorrels
- zout

Voor de saus:

- **1** glas sangiovese
- **1** theelepel rietsuiker
- **2** kardemomzaden

20 minuten *90 minuten* *gemiddeld* *Alto Adige Gewürztraminer*

runder-kipterrine met sangiovesesaus

Kook de kippenbeenderen, de bleekselderie, 1 van de wortelen, de in stukken gesneden ui, de laurierblaadjes, peperkorrels, een beetje zout, de witte wijn en water. Laat circa 1 uur sudderen, schuim af en toe af, voeg dan het vlees toe en laat zachtjes koken. Laat het vlees uitlekken en snijd het in stukken. Laat die in 1 soeplepel bouillon afkoelen, zodat de vloeistof wordt geabsorbeerd. Kook de rest van de wortelen en de Spaanse pepers. Zeef de bouillon en schep er 1 glas uit. Zeef die bouillon opnieuw en los de gelatine erin op. Snijd het vlees in stukken en doe het met de wortelen en de Spaanse pepers in vormpjes bekleed met plasticfolie. Giet de bouillon erover en zet de vormpjes in de koelkast. Laat de sangiovese met de suiker en de kardemom inkoken. Haal de terrine uit de vorm en serveer met de wijnsaus.

Weetje

De wijnstokken van de gewürztraminer worden vooral in Duitsland, Frankrijk en Italië verbouwd. Ze leveren zoals bekend fruitige, unieke, karakteristieke witte wijnen op.

stooflappen in rode wijn

Voor de stooflappen: **1** kalfsbout • **1** ui • **1** wortel • **1** stengel bleekselderie
2 tenen knoflook • $^1/_2$ fles rode wijn • **2** citroenen • **1** eetlepel tomatenpuree
extra vergine olijfolie • nootmuskaat • zout en peper

Snijd de bleekselderie, de wortel en de ui fijn en bak ze kort in een beetje olie. Maak het vlees los van het been, voeg het met de knoflook, de schil van de citroenen, zout, peper en nootmuskaat toe en laat bakken. Kook het kalfsbeen. Zodra het vlees bruin is gebraden, voegt u de wijn toe (het vlees moet zijn ondergedompeld). Laat inkoken tot een dikke saus. Voeg de tomatenpuree en de bouillon die u van het been hebt gemaakt, toe. Voeg aan het einde van de bereidingstijd een beetje nootmuskaat toe.

20 minuten *40 minuten* *gemiddeld* *Toscana Cabernet Sauvignon*

Uw uitnemende liefde
is beter dan wijn.
Hooglied

amandelkoekjes met wijn

Voor de koekjes:

- **100 g** amandelen
- **80 g** poedersuiker
- **3** eetlepels Passito di Pantelleria
- **1** eetlepel maismeel
- **1** eiwit
- **20 g** suiker
- zout

15 minuten *40 minuten* *gemakkelijk* *Moscato Passito di Pantelleria*

amandelkoekjes met wijn

Verwarm de oven voor op 130°C. Snijd $^2/_3$ van de amandelen (die u eerst hebt geroosterd) in stukken, voeg de wijn, de poedersuiker en de hele amandelen toe en meng alles goed.
Klop het eiwit stijf met een beetje zout en voeg de suiker en het amandelmengsel toe. Roer ook voorzichtig het maismeel erdoor.
Schep met een lepel hoopjes deeg op een bakplaat bekleed met bakpapier en laat tussen de hoopjes telkens een ruimte van ongeveer 2 cm vrij.
Laat circa 40 minuten bakken in de oven en serveer de koekjes koud.

carpaccio van nectarines met sauternes

Voor de nectarines: **2** stevige, witte nectarines • **100 ml** sauternes
5 bitterkoekjes • **2** eetlepels rozijnen • munt

Spoel de nectarines, verwijder de pit en snijd de nectarines in dunne plakken. Doe die samen met de sauternes en de rozijnen in een schotel. Laat 30 minuten trekken. Laat de nectarines dan uitlekken en verdeel ze over 4 wijnglazen. Strooi er de verkruimelde bitterkoekjes en munt over. Laat de sauternes met de rozijnen inkoken in een pan. Laat afkoelen, giet over de nectarines en serveer.

20 minuten *10 minuten* *gemakkelijk* *Sauternes*

Ze duren niet lang, die dagen van **wijn** en **rozen**: als uit een vage droom verrijst ons **pad** en het verdwijnt ook weer in een droom.

Ernest Christopher Dowson
(1867-1900) • dichter

De gele kleur van de druiven in het schitterende zonlicht

bosvruchtengelei met cacao en Recioto

Voor de gelei:

- **250 g** frambozen
- **250 g** wilde aardbeien
- **250 g** aalbessen
- **250 g** bramen
- **3** eetlepels suiker
- **1** glas Recioto della Valpolicella
- **3** geroosterde cacaobonen
- **2** blaadjes gelatine

20 minuten *15 minuten* *gemakkelijk*

bosvruchtengelei met cacao en Recioto

Verwarm de wijn met de suiker in een pan. Voeg net voor de wijn kookt de gespoelde, schoongemaakte en drooggedepte vruchten toe. Voeg ook de in een beetje water opgeloste gelatine en de cacaobonen toe en laat 7-8 minuten koken. Als de alcohol is verdampt, neemt u de pan van het vuur en laat u alles afkoelen. Giet het mengsel in een hermetisch afgesloten pot en laat de pot op zijn kop afkoelen of kook hem om de gelei nog langer te bewaren. Serveer de bosvruchtengelei bij ijs, nagerechten op basis van verse zuivelproducten of bavarois.

Weetje

Recioto is een van de weinige wijnen die past bij gerechten op basis van chocolade. In deze gelei past de smaak van de wijn uitstekend bij de sterke en een beetje bittere smaak van de cacaobonen (koop ze bij de bakker of in een chocoladewinkel).

apfelstrudel met marsala

Voor de strudel: **250 g** bladerdeeg • **2** appelen, bijvoorbeeld golden • **1** glas marsala • **2** eetlepels rietsuiker • **100 g** boter • **1** kaneelstokje • **1** eetlepel rozijnen

Verwarm de oven voor op 190°C. Schil de appelen, snijd ze in blokjes en laat ze met de rozijnen 2 uur weken in de marsala. Laat uitlekken en voeg de rietsuiker en de kaneel toe. Rol het bladerdeeg uit en verdeel het in vier stukken. Leg er de blokjes appel op en vouw het deeg erover. Druk de randen aan, besmeer met de boter en laat 20 minuten bakken in de oven. Laat de weekvloeistof van de appelen op een laag vuur inkoken. Haal de apfelstrudels uit de oven, halveer ze en serveer met de lauwe marsalasaus.

15 minuten *20 minuten* *gemakkelijk* *Marsala dolce*

P1-20

Het metaal is de spiegel van het gelaat, de wijn van de geest.

Aischylos (525-456 v.C.) • dramaturg

brachettomousse

Voor de mousse:

- **300 ml** brachetto
- **2** eetlepels suiker
- **150 ml** slagroom
- **1,5** blaadje gelatine

Om te garneren:

- **300 g** bladerdeeg
- **1** eetlepel poedersuiker
- **30 g** boter

30 minuten *15 minuten* *gemakkelijk* *Brachetto*

brachettomousse

Verwarm de oven voor op 190°C. Giet de wijn in een steelpan, voeg de suiker toe en laat zachtjes tot 1/3 inkoken. Bewaar 2 eetlepels en voeg aan de rest de in koud water geweekte en uitgeknepen gelatine toe. Laat afkoelen tot kamertemperatuur. Klop de slagroom stijf en voeg de wijnstroop toe. Roer tot een glad mengsel ontstaat. Vul 4 kegelvormpjes met de mousse en laat 1 uur opstijven in de koelkast. Rol het bladerdeeg uit en maak diagonale inkepingen in het deeg. Smeer het deeg in met de gesmolten boter. Bestrooi met de poedersuiker en snijd dan repen van 5 x 1 cm uit het deeg. Bak die in de oven tot ze goudbruin zijn en laat ze afkoelen. Haal de mousse uit de vormen en leg op een bord. Garneer met de repen bladerdeeg en de rest van de wijnstroop.

Weetje

Brachetto is een druivensoort waarvan vooral in Italië verschillende wijnen worden gemaakt, bijvoorbeeld de Brachetto d'Acqui, een rode wijn uit de D.O.C. Piëmonte met een robijnrode kleur die neigt naar roze, een verfijnd aroma en zachte smaak. Ideaal voor desserts.

Gualtiero Marchesi • *chef*

Persoonlijk geef ik er de voorkeur aan na de maaltijd een goede wijn te drinken, omdat je hem dan beter proeft. Wie het niet met me eens is, heb ik maar één ding te zeggen: probeer het zelf eens!

De wijnoogst:
mens en aarde
in evenwicht

sauternesgelei

Voor de gelei: **300 ml** sauternes • **1** eetlepel suiker • **1** theelepel agar-agar
1 citroen **Om te garneren:** verse munt • **4** bramen

Verwarm de wijn op een laag vuur en voeg 2 druppels citroensap, de suiker en de agar-agar toe. Laat 2 minuten onder voortdurend roeren koken tot een glad mengsel ontstaat. Knip uit bakpapier 4 driehoeken, vorm er telkens een kegel mee en plak de randen vast. Giet de wijn in de kegels en laat in de koelkast opstijven (leg de kegels in 4 smalle glazen). Verwijder het papier voorzichtig en garneer elke kegel met verse munt en 1 braam.

15 minuten *2 minuten* *gemakkelijk* *Sauternes*

Wees altijd dronken! Daar gaat het om, het is het enige wat ertoe doet. Om niet de afschuwelijke last te voelen van de Tijd die je schouders breekt en je naar de aarde toe drukt, moet je je onophoudelijk bedrinken. Maar waaraan? Aan wijn, aan poëzie of aan deugdzaamheid, dat moet je zelf weten. Maar bedrink je.

Charles Baudelaire (1821-1867) • dichter

peren in de oven

Voor de peren:
- **1 kg** harde peren
- **200 g** suiker
- **1** glas rode wijn
- **2** glazen slagroom
- kaneel
- nootmuskaat
- kruidnagels

20 minuten *30 minuten* *gemakkelijk*

peren in de oven

Verwarm de oven voor op 180°C. Schil de peren, halveer ze, verwijder het klokhuis en schik de perenhelften in een vuurvaste schotel. Bestrooi de peren met kaneel, nootmuskaat en kruidnagels.
Los de suiker in de wijn op, roer goed en giet de wijn dan over de peren in de schotel. Laat circa 30 minuten bakken in de oven.
Laat de peren afkoelen, schik ze op borden, besprenkel met de bakvloeistof, garneer met de stijfgeklopte slagroom en serveer.

Weetje

Gebruik voor dit recept het beste een harde perensoort die stevig blijft tijdens het bakken in de oven. Goede dessertperen zijn beurre hardy en doyenné.

Vriendschap is
de wijn van het leven.
Edward Young (1683-1765) • dichter

Een nieuwe vriend
is gelijk nieuwe wijn:
als hij zal oud geworden
zijn, drink hem met
verheuging.

Jezus Sirach

druiventaart

Voor de taart:

- $^1/_2$ **kg** witte bloem
- **2** pakjes biergist
- $^1/_2$ **kg** blauwe druiven
- **300 g** suiker, plus extra om te bestrooien
- **1** eetlepel extra vergine olijfolie
- **1** klontje boter

30 minuten *60 minuten* *gemiddeld* *Moscato Bianco Passito*

druiventaart

Verwarm de oven voor op 150°C. Maak de druiven voorzichtig los van de tros. Los de biergist op in een glas lauw water. Doe de bloem in een kom en maak in het midden een kuiltje. Leg iets meer dan de helft van de druiven in het kuiltje en voeg dan de gist, de suiker en de olijfolie toe en kneed het deeg 10 minuten. De druiven zullen openbarsten en het deeg heel zacht maken. Als het te lopend wordt, moet u een beetje bloem toevoegen. Rol het deeg tot een bal en laat het 1 uur afgedekt rijzen op een frisse en droge plaats. Besmeer een bakplaat met de boter en strooi er 1 eetlepel bloem over. Rol het deeg met de handen uit op de bakplaat, zonder deegrol. Verdeel de rest van de druiven over de taart en bestrooi ten slotte met voldoende suiker. Laat circa 1 uur bakken in de oven.

smeuïge rodewijncake

Voor de cake: **125 g** witte bloem • **60 g** suiker • **25 g** rozijnen • **35 g** gedroogd fruit
$^1/_2$ **l** extra vergine olijfolie • $^1/_2$ glas Alchermeslikeur of een andere kruidenlikeur
$^1/_2$ glas cabernet sauvignon • **1** zakje gist • pijnboompitten • poedersuiker

Verwarm de oven voor op 180°C. Snijd het gedroogde fruit fijn en voeg het toe aan de geweekte rozijnen. Voeg de suiker, de olie, 2 eetlepels pijnboompitten, de likeur en de wijn toe. Meng alles goed en voeg dan de gezeefde bloem en de gist toe. Giet het deeg in 4 met boter ingesmeerde en met bloem bestrooide vormpjes. Laat circa 30 minuten bakken in de oven en haal ze dan uit de vormpjes. Bestrooi met poedersuiker en serveer.

15 minuten *30 minuten* *gemakkelijk* *Sicilia Cabernet-Sauvignon*

Doe altijd als je nuchter bent, wat je hebt gezegd toen je dronken was. Dat zal je leren je mond te houden.

Ernest Hemingway (1899-1961) • schrijver

roomtaart

Voor de taart:

- **½ l** slagroom
- **200 g** suiker
- **200 ml** likeur of Vin Santo
- **120 g** pure chocolade
- **30 g** cacaopoeder
- **2** biscuitbodems

40 minuten *gemiddeld* *Vin Santo*

roomtaart

Snijd 1 biscuitbodem in repen en bekleed daarmee een bolle bakvorm. Giet de helft van de likeur of de Vin Santo erover.
Schaaf de chocolade in dunne flinters. Klop de slagroom met de suiker stijf en verdeel hem in 2 porties. Voeg aan de ene helft de chocolade toe en roer voorzichtig. Voeg aan de andere helft het cacaopoeder toe.
Vul de bakvorm eerst met de slagroom met de chocolade en schep daarop de slagroom met het cacaopoeder. Leg daarop de andere biscuitbodem, die u ook in de likeur of de Vin Santo hebt gedoopt.
Laat de taart 3 tot 4 uur opstijven in de koelkast. Haal de taart dan uit de vorm en garneer eventueel met extra chocoladeschilfers.

druivengelei met muskaatwijn

Voor de gelei: 200 g blauwe druiven • **100 ml** zoete muskaatwijn • **2** eetlepels suiker • **1** theelepel agar-agar • **2** eetlepels water **Om te garneren:** blauwe druiven verse munt

Maak de druiven los van de tros en spoel ze (bewaar enkele druiven voor de garnering). Mix de druiven met de suiker en het water. Zeef het sap door het met een lepel door een zeef te wrijven. Verhit de muskaatwijn in een steelpan. Als de alcohol is verdampt, voegt u de agar-agar en het druivensap toe. Roer goed en giet het mengsel in 4 piramidevormpjes bekleed met plasticfolie. Laat 2 uur opstijven in de koelkast. Haal de gelei dan uit de vormen en serveer met de hele druiven en verse munt.

15 minuten *10 minuten* *gemakkelijk* *Asti Spumante*

Als de wijn is in de man,
is de wijsheid in de kan.

Spreekwoord

amandelbeignets

Voor de beignets:

- **1 kg** witte bloem
- **400 g** suiker
- **150 g** boter
- **150 g** gepelde amandelen
- **100 ml** melk
- **100 ml** marasquin
- **5** eieren
- **1** onbehandelde citroen
- **10 g** gedroogde gist
- **1 l** arachideolie
- zout

40 minuten *15 minuten* *gemakkelijk* *Asti Spumante*

Ingrediënten voor 6-8 personen

amandelbeignets

Hak de amandelen fijn, meng ze met een beetje bloem en zet opzij. Laat de boter au bain-marie smelten en laat ze daarna afkoelen. Klop de eieren met 300 g van de suiker los en voeg dan de gesmolten boter toe. Roer circa 5 minuten door de ingrediënten. Als het beslag luchtig is, voegt u de fijngehakte amandelen, de helft van de bloem, de gist, de geraspte schil van de citroen en zout toe. Roer nog enkele minuten door het beslag. Voeg de melk, de marasquin en de rest van de bloem toe en roer goed. Bestuif uw handen met een beetje bloem, neem een deel van het beslag en rol er worsten van circa 3 cm dik van. Snijd de worsten in stukken van 2-3 cm en frituur ze in de olie. Doop de warme beignets in de rest van de suiker en serveer.

Weetje

Amandelen zijn heel lekkere vruchten met een hoge energiewaarde en van een uiteenlopende kwaliteit. Ze bevatten veel vetten, eiwitten, mineralen en vitaminen. Er bestaan twee soorten amandelen: bittere en zoete. In de keuken worden vooral de zoete amandelen gebruikt. Bittere amandelen zijn meestal kleiner en bevatten minder vet.

Een intelligent
man moet zich soms
bedrinken om tijd
te kunnen doorbrengen
tussen al die idioten.

Ernest Hemingway (1899-1961) • schrijver

Schoonheid, jouw blik, duivels en goddelijk, zaait zowel weldaad als misdaad: daarom te vergelijken met wijn.

Charles Baudelaire (1821-1867) • dichter

bavarois met Vin Santo

Voor de bavarois:
- **200 ml** melk
- **150 ml** Vin Santo
- **300 ml** slagroom
- **125 g** suiker
- **50 g** pure chocolade
- **4** eierdooiers
- **3** blaadjes gelatine
- **1** vanillestokje
- **12** Kaapse kruisbessen

Voor de karamelcrème:
- **200 ml** verse room
- **100 g** suiker
- **1** theelepel citroensap

20 minuten *20 minuten* *gemakkelijk* *Trentino Vin Santo*
Ingrediënten voor 6 personen

bavarois met Vin Santo

Breng de melk met het vanillestokje aan de kook en verwijder daarna het vanillestokje. Klop ondertussen de eierdooiers met de suiker los en voeg dan de warme melk, de Vin Santo en de geweekte en uitgeknepen gelatine toe. Roer tot de gelatine is opgelost. Giet het mengsel in een schotel en zet die 30 minuten in koud water. Klop de slagroom stijf en voeg hem toe aan het mengsel. Giet het mengsel dan in een vorm en zet circa 3 uur in de koelkast. Laat de chocolade au bain-marie smelten, doop de kruisbessen erin en schik ze op een bord. Maak de karamelcrème door de suiker op te lossen in 3 eetlepels water en het citroensap. Voeg de room toe en laat op een laag vuur 10 minuten koken. Haal de bavarois uit de koelkast, dompel de vorm 30 seconden in warm water en draai de bavarois om op een bord. Giet de karamelcrème erover en garneer met de kruisbessen.

bonte ijskegel met Moscato Rosa

Voor het koekje:

- **50 g** boter
- **50 g** poedersuiker
- **1** eiwit
- **35 g** witte bloem
- **1** eetlepel geroosterde pistachenoten
- **100 ml** Moscato Rosa
- 1/2 theelepel agar-agar

Voor de kegel:

- **250 g** vanille-ijs
- **3** eetlepels room
- **1** stokje zoethout
- **100 g** pure chocolade

30 minuten *20 minuten* *gemiddeld* *Trentino Moscato Rosa*

bonte ijskegel met Moscato Rosa

Verwarm de oven voor op 200°C. Verhit de room met het in schilfers gesneden zoethout en laat 10 minuten trekken. Zeef dan de melk en roer ze door het ijs. Laat de chocolade au bain-marie smelten. Maak van bakpapier 4 kegels en plak de randen vast met plakband. Druppel de chocolade erin, schep het ijsmengsel erin en leg de kegels in de diepvries. Verwarm wat wijn met de agar-agar en laat op een laag vuur oplossen. Voeg de rest van de wijn toe en giet in een plastic doosje bekleed met plasticfolie. Laat opstijven in de koelkast. Klop het eiwit stijf met de poedersuiker, voeg de lauwe, gesmolten boter, de bloem en de fijngehakte pistachenoten toe en spreid het mengsel uit op bakpapier. Laat 4 minuten bakken in de oven tot het goudbruin is en vorm er koekjes van. Maak de ijskegels los en serveer op de koekjes met de wijngelei.

Weetje

Muskaatwijn wordt gemaakt van verschillende druivensoorten die allemaal al bijna sinds de oudheid bestaan. Er moet vooral onderscheid worden gemaakt tussen muskaatwijn die jong moet worden gedronken en de likeurachtige muskaatwijn die een alcoholgehalte van 20° kan bereiken.

Het is niet waar dat een man verandert als hij drinkt, hij is juist anders als hij nuchter is!

Thomas De Quincey (1785-1859) • schrijver

kersen in port met ricottamousse

Voor de kersen:

- **350 g** grote kersen
- **200 ml** port
- **1** eetlepel suiker
- **1** kaneelstokje
- **1** sinaasappel
- **10** koekjes

Voor de mousse:

- **150 g** verse ricotta
- **1** eetlepel suiker
- **1** onbehandelde citroen
- **1** eiwit, zout

Om te garneren:

- poedersuiker

15 minuten *30 minuten* *gemakkelijk*

kersen in port met ricottamousse

Doe de port, de suiker, de kaneel en het sinaasappelsap in een steelpan en laat het mengsel 5 minuten sudderen. Voeg de kersen toe en laat 2 minuten koken op een laag vuur. Haal de pan van het vuur en laat 10 minuten marineren. Laat de kersen uitlekken. Zet de pan weer op het vuur en laat de portstroop inkoken. Zeef de ricotta en klop hem los met de suiker en de geraspte citroenschil. Klop het eiwit stijf met een snufje zout en voeg het toe aan het ricottamengsel. Laat circa 20 minuten rusten in de koelkast. Verdeel een deel van de in stukjes gebroken koekjes over 4 kommen, giet er telkens 1 eetlepel van de ingekookte port over en schep er meer dan de helft van de kersen op. Schep daarop 2 eetlepels mousse en werk af met nog meer kersen, een beetje portsaus, koekjes en poedersuiker.

Weetje

Port is een Portugese likeurwijn die oorspronkelijk werd gemaakt in de vallei van de Douro. Tegenwoordig worden ook elders ter wereld gelijksoortige wijnen gemaakt, maar echte port van Porto heeft unieke kenmerken.

Wijn en vrouwen, glimlach
en vreugde: vandaag.
Preek en water: morgen.
George Gordon Byron (1788-1824) • dichter

Beste lezer

Om af te sluiten willen we u onze persoonlijke aanbevelingen geven om enkele wijnen te proeven die volgens ons de moeite waard zijn. Hiernaast ziet u een 'top vijf' van wijnen overal ter wereld, op de bladzijden daarna geven we u een korte lijst met jonge producenten en een van hun wijnen die wij het vermelden waard vinden. Het gaat hier niet om reclame, we hebben in ruil hiervoor geen geld of proefexemplaren gekregen, het gaat uitsluitend om wijnen die ons hebben verrast door hun authenticiteit en overtuigingskracht. Alleen daarom bevelen we ze u aan.

De 'top vijf'

- Tenuta Il Greppo Biondi Santi
  Brunello di Montalcino
- Gaja
  Sorì San Lorenzo
- Château Cheval Blanc
  Château Cheval Blanc
- Château Latour
  Château Latour
- Domaine de La Romanée-Conti
  Romanée-Conti

Grootse wijnen van kleine wijnhuizen

- Giacomo Borgogno
  Barolo Riserva
- Bussia Soprana
  Barolo Colonnello
- Az. Vinicola Cappellano
  Barolo Cappellano
- Poderi Aldo Conterno
  Barolo Cicala
- Az. Agricola G.D. Vajra
  Barolo Bricco delle Viole
- Bruno Giacosa
  Barbaresco Santo Stefano
- Barolo Mascarello
  Barolo
- Giuseppe Rinaldi
  Barolo Brunate Le Coste

- Luciano Sandrone
  Barolo Cannubi Boschis
- Az. Agricola Vigna Rionda
  Barolo Riserva Vigna Rionda
- Falkenstein Franz Pratzner
  Val Venosta Riesling Renano
- Tenuta Manincor
  Lieben Aich
- Muri Gries
  Lagrein Dunkel Riserva
- Pojer e Sandri
  Val di Cembra Besler Biank
- Eugenio Rosi
  Esegesi Trentino Rosso
- Weingut Stroblhof Fam. Hanny
  Pinot Bianco Strahler
- Cantina Terlano
  Gewürztraminer Lunare
- La Biancara
  I Masieri

- Corte Sant'Alda
  Amarone
- Quintarelli
  Alzero Cabernet
- Borgo del Tiglio
  Malvasia Selezione
- Gravner
  Ribolla Anfora
- Edi Kante
  Carso Malvasia Istriana
- Miani
  Merlot
- Az. Agricola Radikon
  Oslavje
- Ciacci Piccolomini d'Aragona
  Rosso di Montalcino
- Az. Agricola Cupano
  Brunello di Montalcino
- Az. Agricola Le Macchiole
  Messorio

- Montevertine
  Le Pergole Torte
- Fattoria S. Giusto a Rentennano
  Percarlo
- Paolo Bea
  Sagrantino di Montefalco
- Valentini
  Trebbiano d'Abruzzo
- Castorina
  Le Moire Etna Bianco
- Tenuta delle Terre Nere
  Calderara Sottana Etna Rosso
- I Vigneti di Salvo Foti
  Vinupetra
- Vini Biondi
  Etna Rosso Outis
- Altacutena
  Matteu
- Perdarubia
  Perda Rubia Rosso

Receptenregister

De recepten zijn bedoeld voor ***4 personen****,*
tenzij anders aangegeven.